MUST READ · ANALISI DEL LIBRO

AF142064

È tempo di indignazione!

· · · · · · · · · · · · · · ·

STÉPHANE HESSEL

ANALISI DEL LIBRO

Scritto da Nasim Hamou
Tradotto da Sara Rossi

È tempo di indignazione!

Stéphane Hessel

STÉPHANE HESSEL

SCRITTORE E DIPLOMATICO FRANCESE

- **Luogo e data di nascita: Berlino, 1917.**
- **Luogo e data di morte: Parigi, 2013.**
- **Opere principali**:
    - *Danse avec le siècle* ("Danza *con* il secolo", 1997), autobiografia
    - *Indignatevi!* (2011), saggio
    - *Engagez-vous!* ("Coinvolgetevi!", 2011), intervista

Stéphane Hessel è stato uno scrittore, diplomatico e attivista politico francese nato a Berlino nel 1917. Si trasferì in Francia nel 1925 e divenne cittadino francese nel 1937. Nel 1941 si unì alle Forze libere francesi di Charles de Gaulle (1890-1970), ma fu denunciato e arrestato dalla Gestapo il 10 luglio 1944, dopo essere tornato a organizzare le reti di comunicazione della Resistenza in Francia. Riuscì, tuttavia, a fuggire dal campo di concentramento di Mittelbau-Dora.

Nel 1946 divenne diplomatico. Il suo primo incarico alle Nazioni Unite gli diede la possibilità di far parte della commissione incaricata di redigere la Dichiarazione universale dei diritti umani. Nel corso della sua carriera lottò contro le ingiustizie, denunciando la violenza del governo israeliano, il trattamento degli immigrati senza documenti e i lati più sgradevoli della società moderna.

Morì a Parigi nel 2013.

È TEMPO DI INDIGNAZIONE!

RESISTENZA CONTRO LE INGIUSTIZIE E LE ILLEGALITÀ DELLA SOCIETÀ

- **Genere**: saggio politico

- **Edizione di riferimento**: Hessel, S. (2011) *È tempo di indignazione*. Trans. Searls, D., Londra, Quartet Books.

- **Prima edizione**: 2011 (la prima edizione francese è apparsa nel 2010)

- **Temi**: resistenza, disuguaglianza, impegno, nonviolenza

"Indignatevi!" è un saggio pubblicato nel 2010. In esso l'autore difende l'idea che l'indignazione sia il catalizzatore della resistenza ed esorta il mondo a iniziare una rivoluzione pacifica. L'autore affronta una serie di questioni serie, tra cui la crescente disuguaglianza tra ricchi e poveri, lo stato del pianeta, il consumo eccessivo, la dittatura dei mercati finanziari e altre questioni serie.

Il saggio è diventato rapidamente un fenomeno editoriale. Il suo successo è legato alla personalità e al carisma dell'autore, alle dimensioni ridotte e al prezzo contenuto. Il sociologo Edgar Morin ha descritto l'entusiasmo dei lettori per il libro come il segno del "risveglio pubblico di un popolo fino ad allora molto passivo".

SINTESI

UNA DICHIARAZIONE DI FATTO A TITOLO DI INTRODUZIONE

Gli anni della resistenza e il programma elaborato dal Consiglio Nazionale della Resistenza nel 1944 furono la base dell'impegno politico di Hessel. Il Consiglio propose un elenco di principi e valori che avrebbero dovuto costituire il fondamento della democrazia moderna in una Francia liberata. Il diplomatico fece notare che i veri eredi del Consiglio Nazionale della Resistenza non avrebbero tollerato alcuni cambiamenti nella società moderna.

Il programma prevedeva un piano globale di sicurezza sociale, la rinazionalizzazione dei principali mezzi di produzione (come l'energia, le banche e i prodotti del lavoro) che in precedenza erano stati monopolizzati da imprese private e l'instaurazione di un'autentica democrazia economica e sociale, in cui gli interessi dei molti fossero anteposti a quelli dei pochi, nonché un'equa redistribuzione del denaro ricavato dal lavoro. Il Consiglio rivendicava la libertà, l'onore e l'indipendenza della stampa dallo Stato, dal potere finanziario e dall'influenza straniera. Chiedeva il rispetto dell'ideale della scuola repubblicana, esigendo un'istruzione il più possibile avanzata per tutti i bambini francesi. Tuttavia, Hessel riteneva che queste conquiste sociali fossero state compromesse nel XXI secolo.

L'INDIGNAZIONE ISPIRA LA RESISTENZA

Il potere del denaro non è mai stato così grande. Allo Stato manca il denaro per coprire i costi dei programmi sociali, mentre la produzione di ricchezza è aumentata considerevolmente dalla fine della Seconda Guerra Mondiale (1939-1945). Questo paradosso è causato dalla privatizzazione delle banche, che ora si preoccupano solo dei propri profitti a scapito dell'interesse generale, il che aumenta il divario tra i più ricchi e i più poveri. La competitività corrompe il mondo moderno. L'attuale dittatura internazionale dei mercati finanziari minaccia la pace e la democrazia. Questa situazione incoraggia l'indignazione e, quindi, la volontà di resistere per una maggiore giustizia e libertà.

DUE VISIONI DELLA STORIA

Ispirandosi a Sartre (filosofo francese, 1905-1980), Hessel considerava la responsabilità umana come infinita. L'uomo non può rivolgersi a Dio o a qualsiasi altro potere per definire il suo impegno. È il padrone di sé stesso.

Anche Hegel (filosofo tedesco, 1770-1831) influenzò il diplomatico, in particolare con la sua visione della storia, che egli considerava come una serie di tappe che conducono verso un significato ultimo. Egli difendeva l'idea che l'uomo progredisca costantemente verso la libertà totale, ossia verso un'epoca in cui si realizzerà lo Stato democratico nella sua forma ideale. Il cammino è costellato da una lotta dopo l'altra, che devono essere viste come sfide da affrontare.

INDIFFERENZA: L'ATTEGGIAMENTO PEGGIORE

Gli esseri umani sono per natura dotati della capacità di indignarsi e, di conseguenza, di impegnarsi. Essere indifferenti significa abbandonare la propria umanità. Tuttavia, la complessità del mondo e la natura nebulosa delle ragioni per indignarsi scoraggiano l'iniziativa di resistere. Chi è responsabile? Chi decide? Perché si è creata una situazione così allarmante? Secondo il diplomatico, nascondere la testa sotto la sabbia è il peggior atteggiamento da assumere.

DUE NUOVI PROBLEMI

Hessel individuò due nuovi problemi significativi:

- Il divario tra i poverissimi e i ricchissimi, che ha continuato a crescere per tutto il XX secolo e all'inizio del XXI, deve essere fermato.

- I diritti umani e lo stato del pianeta. Le organizzazioni non governative (Federazione Internazionale per i Diritti Umani, Amnesty International, ecc.) che sono proliferate con l'obiettivo di far rispettare la Dichiarazione Universale dei Diritti Umani sono estremamente efficaci. Dobbiamo sfruttare al meglio i moderni mezzi di comunicazione e agire in rete. Intorno a noi ci sono molti motivi per indignarsi di fronte al mancato rispetto dei diritti che spettano a tutti noi. La tendenza a considerare con sospetto gli immigrati, sia documentati che non, e la comunità rom, ad esempio, è fonte di indignazione.

INDIGNAZIONE PER LA PALESTINA

I campi profughi palestinesi istituiti dalle Nazioni Unite ospitano più di 3 milioni di palestinesi cacciati dalla loro patria da Israele. Gaza ora assomiglia più a una prigione che a una città, un luogo in cui bisogna essere preparati se si vuole sopravvivere. La distruzione materiale e la perdita di vite umane sono incommensurabili. Gli abitanti di Gaza si trovano isolati e bloccati. Il terrorismo di Hamas è una forma quasi naturale di esasperazione contro la violenza che i palestinesi sono costretti a subire. Tuttavia, non è accettabile e non finirà bene.

LA NON-VIOLENZA: IL SENTIERO CHE DOBBIAMO IMPARARE A SEGUIRE

L'unica strada percorribile è la non-violenza e l'armonia interculturale. La violenza non è efficace e non porta alcun cambiamento. Il cambiamento in meglio può avvenire solo se usiamo gli strumenti della speranza e della nonviolenza. Hessel citava Sartre per rafforzare il suo punto di vista:

> *"Dobbiamo cercare di spiegare perché il mondo di oggi, che è orribile, è solo un momento di un lungo sviluppo storico, che la speranza è sempre stata una delle forze dominanti delle rivoluzioni e delle insurrezioni, e come io senta ancora che la speranza è la mia concezione del futuro"* (p. 18).

La violenza rifiuta la speranza del negoziato, che porrebbe fine all'oppressione. Il mondo deve riuscire a superare lo scontro tra ideologie e totalitarismi sfidanti grazie alla comprensione reciproca e alla pazienza vigile. Per raggiungere questo obiettivo, ogni trasgressione dei diritti deve indignarci.

VERSO UN'INSURREZIONE PACIFICA

La minaccia della barbarie non è scomparsa del tutto e la società moderna si fonda sul consumo di massa, sul disprezzo della cultura e dei deboli, sull'amnesia diffusa e sulla competizione estrema. L'ingiustizia è ancora il nome del gioco nel XXI secolo. Tuttavia, le preoccupazioni etiche e giudiziarie devono prevalere. È necessario stabilire una vera politica per la conservazione del pianeta e introdurre una nuova politica per lo sviluppo. Dobbiamo sempre continuare a sperare. Hessel invita a una vera e propria rivolta e conclude il suo saggio con le parole: "CREARE È RESISTERE. RESISTERE È CREARE" (p. 19).

CONTESTO

"Indignatevi!" è stato pubblicato per la prima volta nel dicembre 2010 sotto forma di saggio di 30 pagine dalle Edizioni Indigène, fondate nel 1996 da Sylvie Crossman e Jean-Pierre Barou. Il contesto di crisi economica e sociale gli ha permesso di diventare un bestseller.

Questo saggio ha suscitato forti reazioni ed è diventato rapidamente il regalo di Natale ideale per i francesi preoccupati per il loro futuro. Hessel volle lanciare un appello non solo alla rivolta, ma anche al coraggio e ricordarci che la capacità di assumersi le proprie responsabilità fa parte della dignità umana, verso la fine della sua vita, come un'ultima volontà che ci esorta a proseguire la sua "opera di Resistenza per garantire il rispetto del programma del Consiglio Nazionale della Resistenza". Il mondo moderno è complesso e le ragioni per indignarsi sono meno chiare di quanto lo fossero ai tempi del nazismo. Tuttavia, nel suo saggio Hessel evidenziò le principali ragioni dell'indignazione e presentò un abbozzo di soluzione agendo in rete.

ANALISI

COSA RENDE UN FENOMENO EDITORIALE?

"Indignatevi!" ha venduto più di 950 000 copie in dieci settimane, il che lo rende un vero e proprio fenomeno editoriale. Quali sono le ragioni del suo successo?

- La personalità di Hessel. Il successo del saggio si spiega in parte con la sua aura personale e la sua vita straordinaria. Grande combattente della resistenza durante l'occupazione nazista, figura umanista della sinistra francese, sopravvissuto al campo di concentramento di Mittelbau-Dora, uno dei redattori della Dichiarazione universale dei diritti dell'uomo, funzionario di alto livello, diplomatico e ambasciatore di Francia, Hessel è stato per tutta la vita un degno rappresentante dell'ideale della Resistenza. Ammirevoli sono anche le sue battaglie per i diritti umani, per la decolonizzazione e contro l'ingiustizia in ogni sua forma. La sua vitalità, la sua gentilezza e la sua simpatia lo rendevano un unificatore, un uomo buono che la gente voleva seguire. Inoltre, la sua età avanzata lo faceva sembrare saggio. Il pubblico non poteva immaginare che potesse essere fuorviato.

- Il prezzo contenuto (3 euro) e il formato breve (30 pagine) hanno reso il manifesto accessibile al maggior numero di persone possibile.

- La situazione socioeconomica della Francia e il governo di Nicolas Sarkozy (2007-2012). Il suo successo potrebbe anche essere visto come una reazione contro il governo Sarkozy, impopolare a causa di alcune sue politiche. Due esempi tra i tanti sono la legge di riforma delle pensioni promulgata dal Presidente della Repubblica e resa pubblica nel *Journal Officiel* (gazzetta ufficiale della Repubblica francese) il 10 novembre 2010, che ha innalzato l'età pensionabile da 60-65 anni a 62-67 anni, e la politica di rimpatrio di massa, volontario o involontario, dei Rom che vivono in Francia verso la Romania e la Bulgaria. Questa politica è completamente illegale, perché secondo il diritto europeo un paese non può espellere cittadini dagli Stati membri e questa espulsione di massa dei Rom è stata giudicata discriminatoria.

CRITICA

Il saggio di Hessel ha ricevuto non solo elogi, ma anche una serie di critiche da parte di alcuni pensatori, tra cui Boris Cyrulnik, Luc Ferry e Pierre Assouline. Il saggio è stato talvolta frainteso e descritto come "sopravvalutato" o "immeritevole" del suo successo; alcuni hanno persino dichiarato che era il simbolo del popolo francese, rivoluzionario da salotto assetato di pensieri "vuoti", ma per cosa è stato criticato esattamente l'autore?

- Hessel si presume che abbia fomentato il sentimento anti-israeliano. È noto per aver chiesto il boicottaggio dei prodotti israeliani e due pagine del breve libro sono dedicate al conflitto israelo-palestinese, con Hessel che rivisita il periodo trascorso a Gaza nel 2009 dopo l'operazione israeliana "Piombo fuso" (2008-2009). Pur riconoscendo che il terrorismo è inaccettabile, l'autore scrisse che gli atti sanguinosi di Hamas sono comprensibili e quasi naturali, nel senso che sono una risposta all'isolamento e al blocco dei gazesi.

- Hessel negava che il suo frequente ricorso all'esempio di Israele per denunciare la violenza nel mondo fosse motivato da sentimenti anti-israeliani. Scelse questo esempio perché, pur essendo membro delle Nazioni Unite, Israele non rispetta le decisioni dell'ONU. Questo è anche il motivo del profondo affetto di Hessel per il popolo di Israele. Era presente al momento della creazione dello Stato e desiderava che avesse successo più di ogni altra cosa al mondo. Voleva che il Paese a lui tanto caro fosse un luogo pacifico. Il popolo di Israele sarebbe più sicuro se gli israeliani andassero d'accordo con i palestinesi e smettessero di costruire muri su terre che non gli appartengono. Hessel non nutriva alcun odio per Israele. Vi andò molte volte e pensava che fosse un paese meraviglioso, dove si stavano facendo notevoli progressi nell'agricoltura, nella tecnologia e nella ricerca, ma riteneva che gli israeliani si stessero lasciando intrappolare dalla paura, che è causa di violenza.

- L'indignazione è il primo stadio dell'impegno cieco. A che serve indignarsi se questo porta solo all'impotenza? I "realisti" ritengono che sia troppo facile denunciare senza proporre alcun tipo di soluzione. Sostengono che bisogna ragionare e non indignarsi: la vita reale è molto più complicata. L'indignazione è la risposta degli irresponsabili.

- La sinistra rivoluzionaria ritiene che l'indignazione non sia sufficiente: è insoddisfacente. Gli "agitatori" puntano sul ritorno della vecchia furia del popolo. La scintilla della rivoluzione è più importante dell'indignazione e deve essere mantenuta viva contro tutti gli ordini costituiti.

- L'indignazione va bene, ma non arriveremo da nessuna parte se non chiediamo anche la responsabilizzazione. Le società rischiano sempre di dimenticare di trovare un equilibrio tra la protezione dello Stato e lo sviluppo di uno spirito di responsabilità. La domanda sociale sarebbe molto più giusta se non si limitasse a chiedere più protezione e più diritti sociali, considerando solo gli interessi del singolo e ignorando la solidarietà. La richiesta di ogni individuo che la società prevenga i rischi è tale da cancellare il nostro sentimento di obbligo ad accettare il legame che lega ciascuno di noi agli altri membri della nostra società. È il momento dell'indignazione, ma dobbiamo essere responsabili. La domanda sociale deve essere sostenuta dalla responsabilità dei cittadini, una necessità che Hessel non ha menzionato nel suo saggio.

- Alcuni passaggi del libro contengono presumibilmente degli errori. Il Programma di Sviluppo delle Nazioni Unite (UNDP) stima che il numero di persone che vivono con l'equivalente di meno di un dollaro al giorno sia diminuito di circa 250 milioni tra il 1990 e il 2000. Non sarebbe, quindi, corretto affermare che il divario tra ricchi e poveri continua ad aumentare.

- Dobbiamo andare oltre la semplice glorificazione delle conquiste passate della Resistenza. Il modello sociale deve evolversi per adattarsi alla globalizzazione. I valori propugnati all'epoca della Liberazione sono ormai obsoleti e non possono soddisfare le aspettative del mondo moderno.

- Hessel stigmatizzava e il suo saggio manca di sfumature. Ne è un esempio il problema del finanziamento delle pensioni, dovuto più all'aumento dell'aspettativa di vita che a una politica antisociale. Le cause dei problemi del mondo sono molteplici e non possono essere imputate solo alla cattiva gestione politica o alla dittatura del mercato mondiale.

IL MESSAGGIO

Hessel si proponeva come figura morale della sinistra, qualcuno che potesse unire coloro che pensavano che indignarsi fosse una virtù preziosa, una sensibilità da coltivare contro le masse di sbiaditi e indifferenti. Egli sapeva che l'indignazione da sola non basta. Una politica dell'indignazione sarebbe una finzione, completamente lontana dalla realtà e dall'azione. Tuttavia, è anche inutile cercare di creare una politica senza rabbia e indignazione. A volte è una buona idea lasciare il campo delle fredde passioni.

Il titolo *"Indignatevi!"* suona come una tromba per mostrarci ciò per cui dovremmo indignarci e ciò che dovremmo denunciare. È un punto di partenza che dovrebbe portare a un modo di pensare politico.

Hessel pensava che viviamo in un'epoca regressiva. La Francia repubblicana è in uno stato preoccupante. Il suo popolo sta morendo. La sinistra si sta indebolendo. I litigi e le ambizioni personali dominano il mondo. Le idee sono state corrotte. Tuttavia, l'ambizione di ribellarsi è quasi ovunque. Il saggio è un invito a riflettere e a impegnarsi: dobbiamo impegnarci, non possiamo rimanere inattivi. Viviamo in una società globalizzata in cui i problemi si sovrappongono gli uni agli altri, in cui non si può risolvere una questione senza prima risolverne un'altra. Abbiamo bisogno di un nuovo modo di pensare la politica, che non si basi su una politica precedente. Le sfide del mondo moderno sono comuni alle società di tutto il mondo. Questo rinnovamento del pensiero politico richiede inventiva politica. Hessel ci invita a mobilitarci per costruire una nuova società globale che affronti quattro grandi sfide:

- **Mettere in discussione il sistema economico**. L'attuale dittatura internazionale dei mercati finanziari deve essere rovesciata, affinché gli interessi dei molti siano anteposti a quelli dei pochi e la ricchezza sia equamente ripartita tra tutti. Il divario tra ricchi e poveri deve essere ridotto.

- **La fine del conflitto israelo-palestinese**. "Che gli stessi ebrei perpetrino crimini di guerra è intollerabile. Purtroppo, la storia dà pochi esempi di persone che imparano le lezioni della propria storia" (p. 18). Hessel denuncia l'operazione "Piombo Fuso" e tutte le altre forme di violenza perpetrate da Israele contro il popolo palestinese. Desidera un'armonia pacifica e interculturale.

- **La scelta della non-violenza**. Il futuro appartiene alla non-violenza. Anche se certi atti di violenza possono essere comprensibili, ciò non li rende meno riprovevoli. La rabbia e l'esasperazione, che spingono alcune persone a ricorrere al terrorismo, devono essere sostituite dalla speranza di un compromesso e di un'armonia. Hessel evita la domanda di Sartre sulla condanna dei terroristi sostenendo che la violenza è inefficace.

- **L'arresto del declino del XXI secolo**. L'11 settembre, il presidente George Bush, la guerra in Iraq e ciò che è accaduto in Francia sotto il governo Sarkozy sono tutti segni del declino della nostra società. Dobbiamo continuare a sperare nella fine di questi orrori e agire di conseguenza.

LEGALITÀ E LEGITTIMITÀ

Hessel fa una distinzione fondamentale tra legalità e legittimità. La disobbedienza civile è un rischio che dobbiamo avere il coraggio di correre se siamo veramente convinti che la legalità sia in conflitto con la legittimità. Quando crediamo che i valori legittimi siano messi in discussione dalla legge, dobbiamo disobbedire. Dobbiamo correre il rischio di essere maltrattati se il governo non comprende la necessità di rispettare i valori legittimi. Commettere atti illegali che consideriamo legittimi in nome dei valori fondamentali della Repubblica francese è una trasgressione necessaria e serve a risvegliarci. Ogni trasformazione inizia con l'azione di una minoranza, di una tendenza che, se è fertile, può poi diffondersi e portare il vento del cambiamento. La comparsa dell'inatteso è straordinaria e fa entrare l'improbabile nella nostra speranza, perché se non facciamo nulla per cambiare l'attuale corso degli eventi, corriamo il rischio di una catastrofe.

Negli anni Quaranta, legalità significava regime di Vichy. Hessel vi si opponeva perché riteneva che fosse contrario ai valori che considerava fondamentali e legittimi.

Egli indicò come esempio l'efficace indignazione dei giovani di oggi nella rivoluzione tunisina: Mohamed Bouazizi (un venditore ambulante tunisino che è stato il catalizzatore della Primavera araba, 1984-2011) si è dato fuoco davanti all'ufficio del governatore nella città tunisina di Sidi Bouzid per protestare contro le terribili condizioni di vita. Il suo gesto scatenò un'ondata di disordini sociali e una rivoluzione contro il regime oppressivo del presidente Zine al-Abidine Ben Ali (al potere dal 1987 al 2011). L'atto di disperazione di una persona ha, quindi, portato a una rivolta di massa contro i tiranni della costa meridionale del Mediterraneo. L'indignazione contro la violazione dei diritti sociali può quindi portare al cambiamento.

UN TESTO DI TRASMISSIONE

"Indignatevi!" è nato da un discorso che Hessel tenne il 17 maggio 2009 davanti a 4000 persone. Era dedicato ai cittadini resistenti di oggi e di ieri, in risposta a un breve discorso pronunciato da Nicolas Sarkozy sul Plateau de Glières, un importante sito della Resistenza francese, che Hessel considerava un tentativo di usare la Resistenza per scopi politici. Questo discorso ha gettato i primi semi di quello che sarebbe poi diventato *"Indignatevi!"*.

Hessel si presentò come un anziano, un uomo che aveva quasi un secolo di vita e che aveva realizzato molto. "Novantatré anni. Mi sto avvicinando all'ultimo stadio. La fine non può essere lontana" (p. 15). Era anche un ex combattente della resistenza che visse la Seconda Guerra Mondiale e svolse un ruolo attivo nelle operazioni di resistenza della Francia libera. Inoltre, ha il merito di essere stato membro del Consiglio nazionale della Resistenza. Partecipò anche alla redazione della Dichiarazione universale dei diritti dell'uomo. Presentandosi in questo modo e iniziando il suo saggio con la sua età e le sue conquiste, abbiamo un'immagine più concreta dell'uomo stesso, che diventa ancora più presente del suo messaggio. L'uso della prima persona singolare e i riferimenti al passato dell'autore sottolineano questo punto. *"Indignatevi!"* non è un saggio impersonale, ma le parole e gli ideali di Stéphane Hessel: un uomo anziano, un combattente della resistenza e un diplomatico. La sua personalità emerge in ogni parola che leggiamo.

L'autore si rivolse direttamente alle giovani generazioni, "a voi che creerete il ventunesimo secolo" (p. 19). Hessel riteneva che fosse giunto il momento per i giovani di indignarsi in un mondo preoccupante in cui le ragioni per farlo erano meno chiare e più difficili da identificare che mai. Come suggerisce il titolo, il saggio è un invito a indignarsi, un appello ai giovani a cui si rivolge nel testo. Hessel ispirava fiducia a questa giovane generazione, colpita dalla disoccupazione e dalla mancanza di prospettive, che mostrava una mancanza di fiducia nella politica tradizionale. In effetti, Hessel non era un politico: non cercava una posizione politica, soprattutto alla sua età, e non sembrava essere spinto da un desiderio di successo.

Inoltre, indicava le battaglie che dovevano essere combattute. Si soffermava a denunciare il potere del denaro, l'avidità delle banche, il divario sempre più ampio tra ricchi e poveri, il trattamento degli immigrati, soprattutto di quelli privi di documenti e dei Rom, e il conflitto israelo-palestinese. Egli tracciava un parallelo tra queste sfide e quelle che aveva affrontato in passato: "Quando qualcosa ti indigna, come il nazismo ha fatto con me, è allora che diventi un militante, forte e impegnato" (p. 16).

INDIGNAZIONE O RIVOLTA?

Anche se il titolo è forte, presenta comunque dei problemi. Come possiamo promuovere l'idea di indignazione? Perché non parlare di ribellione? Rivolta? Di protesta?

Il concetto di non-violenza era molto importante per Hessel, che diede alla parte finale della sua opera il titolo "Verso un'insurrezione pacifica", un ossimoro che la dice lunga su come Hessel immaginava il futuro di questa battaglia. Ai suoi occhi, la violenza era inutile e non portava da nessuna parte. "L'indignazione […] comporta un certo grado di aggressività che non deve trasformarsi in volontà rivoluzionaria violenta", affermava. L'azione non-violenta può fornire la risposta ai problemi che conosciamo e Hessel usava le proteste pacifiche dei cittadini del villaggio palestinese di Bil'in (proteste pacifiche di successo contro la costruzione di colonie) per illustrare le sue parole: "ci si dovrebbe vergognare di quanto sia efficace [la nonviolenza] nell'ottenere il sostegno e la comprensione di ogni nemico dell'oppressione nel mondo" (p. 19).

L'indignazione non è fine a se stessa. "Dopo essersi indignati, bisogna impegnarsi", dichiarò Hessel al canale di informazione francese France 24 nel 2011. Per lui l'indignazione era una base, un fondamento su cui costruire il proprio impegno. Per questo odiava l'indifferenza: perché elimina ogni possibilità di lottare contro l'ingiustizia.

Dobbiamo comunque interrogarci sul concetto di indignazione. Hessel la vedeva come un mezzo per raggiungere un fine, una reazione molto umana (soprattutto perché è, secondo lui, un risultato dell'umanità), che spinge le persone a essere più empatiche e a sollevarsi contro l'ingiustizia e l'orrore. A questo proposito, il critico letterario Pierre Assouline criticava Hessel per aver spinto le persone a impegnarsi nella foga del momento, invece di prendersi il tempo di riflettere prima. Si potrebbe ribattere che, per la sua dimensione umana, l'indignazione è più un'emozione che un pensiero (l'*Oxford Dictionary* definisce l'indignazione come "Una reazione estremamente forte di rabbia, shock o indignazione").

Al di là del suo successo commerciale, il saggio ha avuto un profondo impatto su molte persone. Intorno al testo sono nati interi movimenti. Ad esempio, una settimana dopo l'apparizione della versione inglese del saggio a New York, la città diventò il punto di partenza della manifestazione "Occupy Wall Street" (anche se il movimento era nato prima della pubblicazione del saggio); in Spagna, i manifestanti si sono chiamati "Los Indigados", basandosi sul titolo della versione spagnola del saggio; in Tunisia, molti rivoluzionari avevano letto online *Indignatevi!*" Il saggio è, quindi, l'appello di un vecchio combattente della resistenza a una nuova generazione e, che si sia d'accordo o meno con le parole di Hessel, non si può negare che il suo appello sia stato ascoltato.

ULTERIORI RIFLESSIONI

ALCUNE DOMANDE SU CUI RIFLETTERE...

- Ritenete che le critiche mosse al saggio di Hessel siano giustificate?

- Alcuni paragonano *"Indignatevi!"* al *"Manifesto Comunista"*. Pensate che questo paragone abbia un qualche valore?

- Secondo voi, il saggio di Hessel potrebbe essere utilizzato a sostegno della destra?

- *"Indignatevi!"* rientra in un genere particolare? Se no, perché? Se sì, quale genere?

- Per Hessel, l'indignazione è il fondamento della dignità umana. Commentate questo.

- Quali legami possiamo stabilire tra Sartre e il pensiero politico di Hessel?

- Hessel era contrario alla globalizzazione? Giustificate la vostra risposta.

- Philippe Bilger ha scritto sul settimanale Marianne che "Stéphane Hessel ci presenta il passato come soluzione al futuro". Siete d'accordo con lui?

- "Per definizione, un governo non ha coscienza". In che modo questa citazione di Albert Camus (1913-1960) conferma il pensiero di Hessel?

- Pensate che ci siano altri motivi per indignarsi oltre a quelli discussi nel saggio?

ULTERIORI LETTURE

EDIZIONE DI RIFERIMENTO

Hessel, S. (2011) *È tempo di indignarsi!* Trans. Searls, D. Londra: Quartet Books.

STUDI DI RIFERIMENTO

Glass, C. (2011) È tempo di indignarsi! *The Nation*. [Online]. [Accessed 4 April 2017]. Disponibile da: <https://www.thenation.com/article/time-outrage/>

Sciolino, E. (2011) Un eroe della Resistenza infiamma i francesi. *The New York Times*. [Online]. [Consultato il 4 aprile 2017]. Disponibile da: <http://www.nytimes.com/2011/03/10/books/stephane-hessel-93-calls-for-time-of-outrage-in-france.html>

Vogliamo sapere da voi!
Lasciate un commento sulla vostra biblioteca online
e condividete i vostri libri preferiti sui social media!

www.50minutes.com

Master ISBN: 9782808690348
ISBN cartaceo: 9782808611749
Deposito legale: D/2023/12603/1454

Copertura: © Primento

Concezione digitale a cura di Primento, il partner digitale degli editori.